mal lila – mal rau

Für meinen Mann,
dem wertvollsten Menschen in meinem Leben.
Für meine Kinder, Schwiegerkinder
und Enkelkinder, die mir alle sehr viel
Freude bereiten.

mal lila

mal rau

Gedichte aus dem
alltäglichen Leben

von
Maya Kandlbinder

Alle Rechte liegen bei der Autorin
www.may-reimerei.de

Titelbild mit freundlicher Genehmigung
nach einem Aquarell von Friedrich Grauf
Tel. 0 98 28/3 90

Herstellung und Verlag: Books on Demand GmbH
Norderstedt
info@bod.de

ISBN: 978-3-8370-3693-0

Inhalt

Vorwort

Liebe Leserinnen und Leser,

irgendwie hab ich das Gefühl, ich brauche das Dichten und Verse schmieden fast schon so notwendig wie das tägliche Brot.
Na ja, diese Fähigkeit hat mir schon über so manche harte Lebenssituation hinweggeholfen! Dafür bin ich sehr dankbar.

Nun möchte ich mich auch einmal bei Ihnen bedanken, dass Sie immer noch Interesse haben, meine Gedankenspiele zu lesen!
Die Themen gehen mir nicht aus, es gibt noch sooo viel zu schreiben.

Ich möchte Sie mit meinen Gedichten ein wenig zum Schmunzeln, oder auch zum Nachdenken bringen.

Nun wünsche ich Ihnen viel Freude damit!

In diesem Sinne
verbleibe ich freundlichst

Ihre Maya

Das Fragenkarussell

Warum ist die Banane krumm?
Warum wird mir im Hirn so dumm?
Warum wird mir im Magen flau,
wenn ich in deine Augen schau?

Solche und ganz andre Fragen
uns arme Menschlein immer plagen.
Antworten gibt es schon sehr viel,
nur ob die richtige ist im Spiel?

Wieso, weshalb, warum,
wer nicht fragt bleibt dumm!
Das wissen auch die Kinder schon
und fragen uns in forschem Ton
schon manchmal Löcher in den Bauch!
Da steh`n wir dann schnell auf dem Schlauch.
Erklärungsnotstand oft hoch drei,
bis die Nerven liegen frei.

Doch irgendwann in vielen Jahren,
werden die Kinder selbst erfahren;
Fragen, Fragen haufenweise!
Die Antwort laut und manchmal leise.

Der alte Kinderreim er stimmt.
Nur wer fragt, der auch gewinnt!
Wieso, weshalb, warum-
wer nicht fragt, bleibt dumm.

Bunte Eier

Früher, ganz, ganz früher,
legten die Hühner bunte Eier,
und das nicht nur zur Osterfeier,
nein, sie legten sie das ganze Jahr!
Die Menschen fanden's wunderbar.

Bloß wollten sie gar nichts bezahlen,
die Hennen konnten noch so mahnen.
Außer Futter gab es nichts!
Da bildeten sie ein Gericht
und fragten ihren Hahn um Rat.
Der schritt dann auch ganz schnell zur Tat.

Er flog zur weisen Eule hin
und fragte sie nach deren Sinn.
Die brauchte da ein wenig Zeit,
nach ein paar Tagen war's so weit.

In einer Waldestierversammelung
machten die Hasen einen Sprung!
Ja, wir helfen diesen armen Hennen,
dann brauchen sie nicht mehr zu flennen.

Die Eul` hat nun den Hahn geheißen,
die Hennen sollten nur die weißen
und nicht mehr bunte Eier legen!
Das kam den Hennen sehr entgegen.

Und in der schönen Osterzeit
würden alle Hasen weit und breit
den Hennen helfen Eier malen.
So müssten die Menschen endlich zahlen!

Dann bekäme jedes Kind
und all die brav gewesen sind,
die bunten Eier zu dem Fest.
Dies wäre doch das Allerbest!

Scheinbar ist es so gekommen,
denn eines ist wohl unbenommen:
Die Hennen legen weiße Eier!
Nur zu der schönen Osterfeier
kommen sie bunt ins Nest hinein.
Doch bezahlen, das muss sein!

Ob der „Osterhase" deshalb so genannt,
das ist leider unbekannt.

Der Trick des Herrn Schmidt

Es nahm vom Garten die Frau Schmidt
immer gerne Gurken mit.
Die machte sie dann sauer,
so hielten sie auf Dauer.

Richtig fand das auch Herr Schmidt,
denn Essiggurken war`n sein Hit.
Natürlich nur von seiner Frau,
das wusste jeder ganz genau.

Neulich hatte nun Frau Schmidt
an ihren Gatten eine Bitt`.
Er möge in den Keller gehen
und nach den leeren Gläsern sehen.

Übermütig nahm Herr Schmidt
der Stufen zwei mit einem Schritt.
Doch die Beine waren schneller
und so fiel er in den Keller!

Da lag er nun, der arme Schmidt
vor der Treppe in der Mitt`,!
Und weil es gab ein groß Gepolder,
kam auch gleich die liebe Holde.

Tatsächlich hatte da Herr Schmidt
in seinem Pech doch auch noch Glück.
Denn außer ein paar blauen Flecken
gab es bloß den großen Schrecken.

So kommentierte denn Frau Schmidt:
Zwei Stufen gleich mit einem Tritt!
Ja, ging es dir etwas zu gut?!
Was sollte denn der Übermut?

Trotzdem als Trost für den Herrn Schmidt
Gab es ein ziemlich dickes Stück
vom frisch geback'nen Kuchen
für ihn als Ersten zu versuchen.

Da kam der listige Herr Schmidt
auf einen ganz besond'ren Trick:
War das „Weh-weh-chen" noch so klein,
nichts linderte die schlimme Pein,
als ein Stück Kuchen für Herrn Schmidt!
Was für ein „raffinierter" Trick!

Doch seine kluge Ehefrau
dachte heimlich sich „schau-schau".
Trotzdem bekam ihr Gatte Schmidt
aus Liebe weiterhin sein Stück.

Einen frisch geback'nen Kuchen
muss man doch einfach gleich versuchen!!

Pubertät

Heute Abend geh ich aus
in die Disco Wilde Maus!
Da spielt so eine coole Band,
die der Billy noch nicht kennt.
Er ist mein Freund, geht mit mir mit
und diesen Abend gibt's den Kick!

Sprach´s, - entschwand in ihrem Zimmer.
Liebe Zeit, wird das noch schlimmer?!
Die Eltern auf dem Kanapee
fanden das so gar nicht „schee"!

Das „Kind" mit seinen 16 Jahren
ist doch noch lange nicht erfahren.
Nein, so geht das einfach nicht,
denn die Erziehung hat Gewicht!
Der Abend kam, die Stimmung fiel.
Emotionen gab es viel.

Als das Kind kam, topp gestylt,
den Vater schier der Schlag ereilt.
So gehst du mir nicht aus dem Haus!!
Die Tochter machte sich nichts draus.
Ein kurzes „Ph" – und weg war sie.
Oh jeh, das überleb ich nie!
Die Eltern auf dem Kanapee
fanden so was gar nicht „schee"!

Die Nacht, sie wurde lang und länger,
den Eltern immer bang und bänger.
Das Kind kam heim zu später Stund.
Jetzt wurd es aber fast zu bunt!

Am nächsten Morgen ging's hoch her.
Beherrschung fiel nun furchtbar schwer.
Der Tochter ging es ziemlich schlecht.
Die ganze Welt wär ungerecht
und niemand würde sie verstehen!
Auch wollte sie schon lange gehen.

Die Eltern eifrig im Bestreben,
ihrem Kinde Halt zu geben,
kamen nun zu dem Entschluss,
dass sich etwas ändern muss.

So geht das schließlich auch nicht weiter.
Wird denn die Tochter gar nicht gscheiter??
Sie saßen auf dem Kanapee
und fanden alles nicht mehr „schee"!

Doch Hoffnung her, nicht aufgegeben.
Wie schon so oft in ihrem Leben.
Für die Eltern galt es kämpfen,
die Pubertät etwas zu dämpfen.

Das Jugendhirn war „Großbaustelle"!
Vorsicht galt auf alle Fälle,
denn einen Bauplan gab es nicht.
Kompromisse finden war nun Pflicht.

Doch, Gott sei Dank, wurd sie erwachsen,
trotz so mancher schlimmer Faxen.
Vergessen nun die ganze Müh`,
die Eltern waren stolz auf sie.
Und auf dem alten Kanapee
war diese Welt auch wieder „schee"!

Die Enkelkinder wurden groß,
saßen der Oma auf dem Schoß.
Nicht lang, die Pubertät begann!
Der Stand der Welt auf Neuanfang.

Schweineglück

Ein armes, kleines Schwein
schwamm im schönen Flusse Rhein.
Es flüchtete ganz schnell
vor einem Metzgergsell.

Der wollt es wieder fangen.
Das Schwein musst um sein Leben bangen.
Es schwamm und schwamm
und schwamm - und gewann!

Stromabwärts schwamm´s noch bis zum Meer,
nun kommt`s als Meerschweinchen daher.

Geldwanderung

Eins, zwei, drei, vier, fünf, sechs, sieben,
wo ist denn mein Geld geblieben?
Es machte sich wohl auf die Socken,
weil die weite Welt tat locken.

Wahrscheinlich wollt es was erleben.
Große Krisen, kleine Beben.
Vielleicht auch noch die Welt umrunden,
und das in ganz wenig Stunden.

Für die Banken Kinder kriegen,
womit die dann gleich richtig siegen.
Ob dir das grad so gefällt,
deine Reise um die Welt?

Ich bitte dich, komm doch zurück!
Das wär für mich das größte Glück.
Es darf ja auch von dir ein Teil,
bleiben noch ´ne ganze Weil,
bei den Bedürftigen auf Erden,
dass diese auch mal glücklich werden.

Bloß auf meine Hälfte warte ich
lange schon, ganz sehnsüchtig!

Blätterreigen

Das Laub macht sich zum Reigen auf
und ein Lüftchen pfeift was drauf.
Die Blätter haben sich geschmückt,
mit bunten Farben gut bestückt!

Rot und grün und gelb und braun,
man kann den Augen fast nicht traun.
Tänzeln, wirbeln locker leicht,
wenn ein Windstoß sie erreicht.

Ist dann zu Ende Tanz und Spiel,
bleiben bunte Blätter viel
unten auf dem Boden liegen.
Ob sie nun Belohnung kriegen?

Abendrot

Glutrote Sonne am Himmel,
ein wenig Wolkengetümmel.
Die Sonne steht tief,
weil der Abend sie rief.

Mit letzter Kraft
sie ein Feuer schafft.
Überirdisch schön!

(O-) Mamatag

Meine Oma ist ein Schatz.
Sie nennt mich ihren süßen Fratz.
Geheimes kann ich ihr anvertrauen,
braucht auch nie auf die Uhr zu schauen.
Meine Oma, die hat für mich Zeit,
grad, wenn es wieder ist so weit
und Mama muss zur Arbeit gehen.
Immer soll ich das verstehen!

Wo ich die Mama doch so brauch!
Ich hab sie lieb und sie mich auch.
Hab ich mir einmal wehgetan,
kommt sie gleich mit dem Pflaster an.
Dann pustet sie noch sanft darauf,
sofort hören die Schmerzen auf!
Das hilft immer, ganz bestimmt,
das weiß doch schließlich jedes Kind!
Trösten kann sie auch wundervoll,
dann ist die Welt gleich wieder toll.

Ich hab die beste Mama von der Welt!
Wenn ich mal etwas angestellt,
schimpft sie manchmal schon mit mir.
Doch steht der Abend vor der Tür,
singt sie mich zärtlich in den Schlaf.
Dann bin ich immer lieb und brav.

Hast du auch so eine liebe Mama?
Wenn nicht, wär das ein großer Jammer!

Der Wasserschaden

Wasser, das ist nass und schnell
und leider manchmal an der Stell´,
wo man es nicht brauchen kann.
Das weiß ja sicher jedermann.

Von der Decke tropft das Wasser,
der Teppichboden, der wird nasser!
Gleich danach das ganze Zimmer.
Wird das denn jetzt noch viel schlimmer?

Man stürmt den Raum da oben drüber,
es läuft die Waschmaschine über!
Nein, der Schlauch, der ist geplatzt.
Was ist das bloß für eine Hatz!

Man dreht ganz schnell den Haupthahn zu.
Stille - fünf Sekunden Ruh.
Jetzt wird auch noch die Katz vermisst.
Wo die wohl abgeblieben ist?

Da, auf dem Schrank, da sitzt sie drauf,
reißt die Augen ganz weit auf.
Betrachtet sich das Tun und Machen
und irgendwie scheint sie zu lachen.

In Gebrauch sind Eimer, Lappen,
man wird nass und erst die Schlappen!
Als dann der Föhn den Dienst getan,
schaut man sich die Bescherung an.

Was das Wasser angerichtet
wird der Versicherung berichtet.
Bloß, bis es da mal vorwärts geht,
das meistens in den Sternen steht!

Drum weiß ich jetzt auch nicht mehr weiter,
- leider!

Wolke sieben

Auf der kleinen Wolke sieben
wär ich so gerne noch geblieben,
wollte immer weiter schweben
und den Himmel neu erleben.

Weil nun auf der Wolke sieben
begrenzte Weile vorgeschrieben,
muss ich leider wieder gehen.
Doch ich sag „Auf Wiedersehen"!

Damit die schöne Wolke sieben
nicht so schnell wird aufgerieben,
darf man rauf nur kurze Zeit.
Dann klingt es wieder weit und breit:
Hallo, hier ist die Wolke sieben!
Wer ist denn jetzt noch übrig`blieben?
Jeder darf ein wenig mit
und erleben ganz viel Glück!

Manchmal verirrt sich Wolke sieben
und wird ein wenig abgetrieben.
Das kann ja schließlich mal passieren,
drum braucht sich niemand zu genieren,
hat man der lieben Wolke sieben
den Weg nach Hause aufgeschrieben.

Zum Dank darf manchmal man mit ihr
fliegen wie die Englein schier.
Ja, so ist die Wolke sieben!
Und das ist nicht mal übertrieben!

Das Kirchlein

Im schönen Wald auf einem Berg,
von unten wirkt es wie ein Zwerg,
steht ein kleines Kirchlein droben.
Einsam tut´s den Schöpfer loben.
Es ist zwar herb, doch auch lieblich,
in seiner Nähe alles friedlich.
Das Kirchlein, einfach, schlicht,
denn großen Prunk, den mag es nicht.
Ein geheimer Pfad hinauf sich windet,
doch wer will, der ihn schon findet!

Es schaut so gern ins Tal hinunter,
und glaubt auch felsenfest an Wunder.
Wenn ihm die große und die kleine Welt
einmal wieder nicht gefällt,
dann lässt es seine Glocken läuten.
Die Menschen, die das richtig deuten,
hören auf zu saufen,
und fangen an zu laufen.
Begehen diesen Pfad,
wenn er auch steil und hart.
Ob nun der Weg ist schon das Ziel,
darf jeder halten wie er will.
Denn wenn die Menschen ihn gern gehen,
werden sie vieles auch verstehen!

Ohne Navi geht das nicht?
Doch! Das Navi ist ganz unwichtig!
Klugheit die richtige Weisung sagt,
plus starkem Will´: Ein guter Pakt!
Wer dieses „Navi" angenommen
Hat eigentlich auch schon gewonnen!
Und das Kirchlein hoch da droben?
Glücklich tut´s den Schöpfer loben!

Gehirn – Explosion

Nach der grellen Explosion im Hirn
spannt man schnell auf den großen Schirm.
Bloß, da ist alles schon geschehen,
man hat die Blitze zucken sehen!
Manchmal ist die Explosion auch leis,
so auf eine ganz bestimmte Weis.

Woher die dunklen Wolken kamen,
kann man danach fast nicht erahnen.
Es wurde nicht gut aufgepasst,
das Gedanken-Beben nicht erfasst.

Der große Schirm wird schon gebraucht.
Die Explosion hat sehr geschlaucht.
Nur: Der „Nachher"-Schirm trifft nicht den Kern,
so wie wir`s alle hätten gern!

Ist die Explosion dann lange her,
wird der große Schirm auf einmal schwer.
Weil dieses schlimme Hirn-Problem
immer furchtbar unbequem,
wird gerne mal der Schirm vergessen.
Und *das* genau, ist sehr vermessen!

Denn zur Beruhigung des Gehirns
ist *vorher* nützlich so ein Schirm!
Gut bestückt mit „Psycho-Seismographen"
wär das Problem wohl schon zu schaffen!

Notlandung

Ein blondes Haar hat sich verirrt,
und ist im Raum umher geschwirrt.
Gelandet auf des Mannes Rücken,
nicht zu der Ehefrau Entzücken.

Es kamen Fragen über Fragen.
Der Mann konnte nur eines sagen:
Ein blondes Haar hat sich verirrt,
und ist im Raum umher geschwirrt.
Auf seinem Rücken notgeland't.
Das Weitere? - Gänzlich unbekannt!

Die Dialyse

Viele Betten stehn im Raum.
Aus! – Mein ganzer schöner Traum!

Am Apparat häng ich nun dran,
seh mir die dünnen Schläuche an,
durch die mein Blut gemächlich fließt.
Alles ist so ungewiss.
Anfänglich war ich etwas stumm
und schaute dementsprechend dumm.

Mittlerweil bin ich gescheiter:
Hurra! Mein Leben, es geht weiter!
Dialyse gleich „hoch drei"
und ich bin mittendrin dabei.
Ein kluges Team dahinter steht,
das mir hilft und mich versteht!

Drum möcht ich mich bedanken,
fasste in Worte die Gedanken!

Das Pferd

Wie glänzt sein Fell so herrlich seiden,
das Muskelspiel wirkt elegant.
Da ist es nicht mehr zu bestreiten:
Das Pferd- „des Glückes Unterpfand!"

Jedes Pferd hat Qualitäten,
die der Mensch zu schätzen weiß.
Ob beim Ziehen von Geräten,
ob Erkämpfen einen Preis.

Es trägt den Mensch auf seinem Rücken
und ist ihm gern zu Willen,
um in schönen Augenblicken
so manchen Freiheitsdrang zu stillen.

Das Pferd, des Menschen treu` Begleiter,
auf den er sich verlassen kann.
Doch das Pferd ist oft gescheiter!
Schad`, dass es nicht sprechen kann.
(...oder gut...?!)

Weibliche Probleme

Der Herr und die Frau Von-und-zu,
die waren Leut wie ich und du.
Sie hatten satt den Alltagstrott
und wollten gern mal wieder fort.

In Zukunft öfter auszugehn
fanden beide richtig schön.
Gesagt, getan, so fing es an.
Herr Von-und-zu freute sich sehr
und seine Gattin um so mehr.

Tage zuvor schon ging es los:
Was zieh ich an, was hab ich bloß?
Der Kleiderschrank wurd inspiziert
und Klamotten anprobiert.

Der blaue Rock, der war zu eng.
Das „kleine Schwarze" wirkte streng.
Diese Bluse wäre schön,
was würde ihr wohl dazu steh´n?

Die schwarze Hose, - unmodern!
Die andre trug sie gar nicht gern.
Da hing ja noch das bunte Kleid.
Ach, das war wieder viel zu weit!

Den Tränen nah saß sie am Bett
und fand die ganze Welt nicht nett!
Ein ganzer Schrank „nichts anzuziehn"
Herr Von-und-zu konnts nicht verstehn.

Er bekam jedoch Erbarmen
mit seiner Frau, der Armen.
Ein neues Kleid wurde gekauft
und heimlich kräftig durchgeschnauft.

Der Abend so gerettet war
und beide fanden`s wunderbar.
Bloß, die Wiederholung der Geschicht
wünscht sich der Mann viel lieber nicht!

Frühlingszeichen

Wenn der Schrubber mit dem Besen durch die
Wohnung tanzt,
und auf der Fensterbank der Kater maunzt,
im Radio fetzige Rockmusik spielt,
der Frühling um die Ecke schielt.

Wenn der Eimer mit dem Lappen flirtet,
um ein schönes Rendezvous ihn bittet,
das Wasser der Dritte im Bunde will sein,
lässt die Natur den Frühling herein.

Wenn die Fenster um die Wette strahlen,
die Zimmer mit dem Schmucke prahlen,
und die Hausfrau müd im Sofa sitzt,
der Frühling durch das Schlüsselloch spitzt.

Wenn verliebte Pärchen heimlich knutschen,
fröhliche Kinder am Fruchteis lutschen,
und im Garten blühen die Schneeglöckchen,
zaubert der Frühling mit seinem Stöckchen.

Wenn die Vögel ihre Nester bauen,
die Leute aus den Fenstern schauen,
und auf dem Land herrscht reges Treiben,
wills der Frühling noch mal allen zeigen.

Denn wenn die Tulpen langsam verwelken,
und auch die Narzissen, diese gelben,
die Erdbeeren nun richtig süß schmecken,
spielt der Frühling wieder verstecken!

Advent

Advent, Advent das erste Lichtlein brennt,
der Vati auf dem Sofa pennt.
Das Klärchen schon die Socken strickt,
die Brüderlein zu Weihnacht kriegt.

Advent, Advent ein zweites Lichtlein brennt.
Die Mutter in die Küche rennt.
Klein Fritzchen hat am Knopf gedreht,
der Herd schon fast in Flammen steht.

Advent, Advent ein drittes Lichtlein brennt.
Nun jeder an Geschenke denkt.
Bloß das was und wem und wer
macht das Beschenken schon recht schwer.

Advent, Advent ein viertes Lichtlein brennt.
Zeit, dass man`s beim Namen nennt:
Was wird gegessen und bei wem?
Das gibt schon manchmal ein Problem.

Letztendlich wird der Baum geschmückt,
die ganz` Familie ist entzückt.
Sie sitzen all herum im Kreis
und singen Lieder laut und leis.

Endlich haben sie`s geschafft,
mit ihrer allerletzten Kraft!

Liebes - Drama im All

Es waren zwei Satelliten-Kinder,
sie konnten zusammen nicht kommen.
So flogen sie Sommer wie Winter
vor Liebe ganz benommen.

Plötzlich machte es krach!
Sie sind zusammen gekommen.
Vor lauter Weh und Ach
immer noch ganz benommen.

Nun fliegen ihre Enkel im All,
versuchen zusammen zu kommen.
Sicher ist auf jeden Fall,
auch sie sind leicht benommen!

Die Geschichte der krummen Spazierstöcke

So manche Spazierstöcke probierten das Reisen.
Sie wollten einmal sich selber beweisen,
dass es auch ohne Menschen ging.
Doch sie fielen immer wieder hin!

Viele wurden dabei ganz krumm,
drum kehrten sie auch bald wieder um.
Gingen lieber mit ihren Menschen spazieren
und wollten nichts mehr ausprobieren.
Sie wurden von den Menschen schon sehr vermisst,
weil's ohne Stock nicht so einfach ist!

So haben beide dazugelernt:
Jeder Stock braucht seinen Herrn.
Wenn ich Hand in Hand die Beiden nun seh,
vieles ich jetzt besser versteh.

Väterchen Frost

Ein kalter Hauch zieht übers Land,
uns Menschen ist er wohlbekannt.
Draußen funkelt es so schön,
als würd man Diamanten sehn.

Überall, da hängen Zapfen,
Blumen an den Scheiben wachsen.
Es freuen sich die stillen See'n.
Endlich kann man auf ihnen gehen.

Wer hat das Land so schön gezeichnet,
das für ein Glitzerbild sich eignet?
Gefriergetrocknet die Natur?
Es ist die Kälte, klar und pur!

Väterchen Frost brachte sie mit.
Für ihn einfach der große Hit!
Seine Feindin ist die Wärm',
heizt ihn auf bis ins Gedärm.
Wenn sie kommt, er ganz schnell flüchtet
und dann wo anders Zapfen züchtet.

Märchenhochzeit

Sie ziehen an ihr schönstes Kleid
mit vielen bunten Farben.
Wissen nun, es ist soweit,
ein Ende hat das Darben.

Die Sträucher sind's, die Bäume,
all die Blumen fern und nah.
Sie haben Liebesträume.
Jetzt, jetzt ist der Frühling da!

Die Natur hat sich geschmückt,
den Frühling zu empfangen.
Der ist davon sehr entzückt
und kriegt ganz rote Wangen.

Zur Hochzeit, sie ist nun perfekt,
willkommen sind die Gäste.
Wem der süße Nektar schmeckt,
der kommt zu diesem Feste.

Musikanten sind schon da,
mit Geigen und Trompeten.
Die Frösche spiel'n Harmonika,
die Vögel ihre Flöten.

Dirigentin ist die Sonne.
Der Wind bläst die Posaune.
Diese Hochzeit, eine Wonne!
Schaue nur - und staune.

Frisurproblem

Die Igelfrau war sehr frustriert,
man hatte sie nicht umfrisiert.
Sie wollte so gern Dauerwellen!
Doch die Meister und Gesellen
haben ihr das nicht gemacht.
Im Gegenteil, sie ausgelacht!
Schwer beleidigt ging sie heim.
Sie wollte doch bloß schöner sein!

Der Igelmann war schon zu Haus
und trieb ihr gleich die Flausen aus:
Ja, hast du denn total vergessen,
ohne Stacheln wirst gefressen!
Wir haben nicht die Qual der Wahl.
Nur *die* Frisur ist optimal.

Begriffen hat die Igelfrau:
Der Igellook, der ist die Schau!

Ansteckend

Der Mai ist gekommen,
das Gebrumme geht los.
Man hat es vernommen,
was ist denn das bloß?

Der Nachbar mäht Rasen.
Das muss man dann auch.
Denn ein schöner Wasen
gehört wohl zum Brauch.

Den Mäher inspiziert,
ob alles okay.
Und fröhlich probiert
das Mähen im Mai!

Horch, noch ein Ton.
Er kommt von da drüben.
Ein Lausbub ist`s schon,
bloß der muss noch üben.

Die Siedlung wacht auf,
das Mähen bringt Freud.
Ansteckend ist`s auch,
das wissen die Leut.

So tönen die Mäher,
ein Kanon bricht an.
Mal tiefer, mal höher,
wies jeder so kann.

Die kleine Libelle oder Binsenweisheit

Es flog eine kleine Libelle
immer zu der einen Stelle.
Ein Grashalm hatte es ihr angetan,
da saß ein Libellenfräulein dran.

Als wieder flog nun die Libelle
hin zu dieses Halmes Stelle,
schwupp, da war das Fräulein fort,
fort von des Halmes Ort.

Schelmisch grinste da die Binse:
Schau nur in des Wassers Linse,
So schaute die kleine Libelle
genau auf des Wassers Welle.
Da sah sie ihr Fräulein Libelle
als eigen Spiegelbild der Welle.

Enttäuscht flog die kleine Libelle
schnell weiter zu anderer Stelle.

Das übrige Geschenk

Die Geschenke lagen unterm Baum.
Darin bestimmt manch schöner Traum.
Egal, ob billig oder teuer, ob groß ob klein,
wichtig nur, von Herzen soll es sein.

Als die Geschenke dann verteilt,
hatte das Schicksal es ereilt:
Jenes Päckchen hinten rechts.
Das dachte sich dabei nichts schlechts,
es blieb ganz einfach liegen.
Wer sollte das Geschenk jetzt kriegen?
Weil der Name fehlte drauf,
machte es der Jüngste auf.

Seine Augen wurden groß,
ein kleiner Engel war es bloß!
Kein Spielzeug, Naschwerk oder Uhr,
ein Engelein, das war es nur.
Schön gemacht aus Stoff und Wachs.
Die Haare lang, aus gelbem Flachs.

Sein Seidenkleid war himmelblau
Und die Flügel erst die Schau!
Groß, doch zart und fein,
wie´s für Engel soll so sein.
Weil der Engel war sehr schön,
ließ man auf dem Tisch ihn steh´n.

Des Nacht`s das Wunder dann begann:
Das Englein fing zu fliegen an!
Flog auf den Weihnachtsbaum hinauf,
und setzte auf die Spitz sich drauf.

In der Früh am nächsten Tag,
der Junior war als erster wach:
„Der Engel ist weg, der Engel ist weg!
Er stand doch auf des Tisches Eck."

Nun suchten all das Engelein,
plötzlich sahen sie den Schein.
Er leuchtete vom Baum herunter.
Da glaubten alle an ein Wunder!
Sie setzten sich und waren leis,
gedankenversunken auf ihre Weis.

Weihnachten ist doch immer wieder schön,
kann man auch manchmal nicht alles verstehen!

Unwillig

Ein Schlappen sprach zum andern:
Komm mit, wir gehen wandern!
Ganz ohne Füß und Beine,
nur wir zwei alleine.

Der andre Schlappen wollte nicht.
Das ist das Ende der Geschicht.

Kleiner Regenschirm

Mein Regenschirm, der kleine
behütet mich wohl feine
vor dem argen Regen.
- Von wegen!

Außenrum da tropft es runter,
doch stell mittig ich mich drunter,
bleib ich ziemlich trocken.
Bis auf die nassen Socken!

Frauenlogik

Diese Logik einer Frau,
das wissen Männer ganz genau,
werden sie wohl nie begreifen.
Ach es ist schon zum Verzweifeln!

Wir Frauen sind sehr kompliziert,
fühlen uns ganz ungeniert,
leicht in andre Menschen rein.
Lüften dann den äußeren Schein.

Wir denken quer und ziemlich krumm,
oft um viele Ecken rum.
„Mann" steht staunend vis-a-vis,
kapieren wird er das wohl nie.

Der Mann an sich ganz anders denkt,
weil sich sein Hirn nicht so verrenkt.
Geradeaus, einfach und klar.
Des Mannes Logik: wunderbar!

Wir können gut auf unsere Weise,
so ganz heimlich, still und leise,
verändern manche kleine Welt,
wenn's auch nicht jedem grad gefällt.

Doch wenn die Männer uns vertrauen
und auf unsere Logik bauen,
geht es den meisten doch ganz gut.
Leider fehlt es oft an Mut.

Frauenlogik hin und her,
verstehen kann man sie schon schwer.
Das ist das Tragische im Leben,
doch so sind wir Frauen eben!

Bauchweh

Ein kleines Kind ist angekommen.
Richtig gut und ganz vollkommen
mit Augen, Ohren, Mund und Nase,
nur inklusive dieser Gase.

Die Gase, die sind sehr gemein!
Obwohl das Baby noch sehr klein
streiten sie im Bäuchlein drin,
mit schlimmer List und Hintersinn,
wer als erster darf heraus.
Fürs Kind ist es nur Schmerz und Graus.
Tröstlich: Es ist nicht allein,
die Mama lindert seine Pein.

Wenn die Gase sich entscheiden,
was wird davon übrigbleiben?
Doch nur Wind, ganz einfach Luft!
Mit einem ganz „ besond`ren Duft".

Ob das Symbolcharakter hat
steht auf einem extra Blatt.
Das mag jeder selbst sich deuten,
hoffentlich ganz ohne streiten!

Der Ball

Der arme Ball tut mir so leid.
Er wird getreten die ganze Zeit,
geworfen, geschubst und geschlagen.
Ach, es sind schon viele Plagen!

Zweiundzwanzig Mann sind hinter ihm her,
machen ihm das Leben schwer.
Man fragt ihn selten, wies ihm geht,
wies um seine Blessuren steht.

Warum lässt er sich das gefallen?
Dieser Ball, der zeigt es allen.
Stolz ist er, und das mit Recht!
Geht es ihm auch sehr oft schlecht.

Denn er, der Ball ist Hauptperson!
Das weiß ja jedes Kleinkind schon:
Ein Fußballspiel ganz ohne Ball,
das gibt es nicht, auf keinen Fall!

Die Treue – der Treue?

Warum nennt man die Treue „die"?
Wahrscheinlich ist es eine „Sie".
Ist die Treue Frauensache,
ob manch` Männer „Rumgemache"?

Urteilen will ich lieber nicht,
denn die Sache hat Gewicht!
Vielleicht ist die Treue auch ein Mann,
der sehr viel verstehen kann?

Meine Lösung stünd` parat:
Treue ist wohl weiblicher Art.
Der Männer eigen Beschützerinstinkt
erwacht, wenn eine Frau ihm winkt.

Er möchte sie auch gern behalten
und Frau und Heim recht gut verwalten.
Weil nun behütet wird „die" Treue,
gibt es so schnell auch keine(n) Neue(n)!

Drum könnt` die Treue weiblich sein,
was andres fällt mir so nicht ein.
Das wär` die Logik einer Frau,
doch ich weiß es nicht genau!

Oder ist *die* Treue doch ein „Er"??
Ach, - es ist so furchtbar schwer!

Kartoffeldrückerwelt

Der Kartoffeldrücker war es satt,
immer drückte er Kartoffeln platt.
So wollte er nicht leben!
Also ging er eben
in die weite Welt.
Nicht wissend, ob sie ihm gefällt.

Doch da wurde schlimmer noch püriert,
durchgedrückt und aussortiert.
Der Kartoffeldrücker war es satt,
die machten da ja alles platt!
Da drückte er viel lieber die Kartoffeln
in seiner Welt der Filzpantoffeln.

So ging er schleunigst wieder heim
und ließ die große Welt ganz einfach sein!

Uhrengeschichte

Der kleine Zeiger einer Uhr
stellte sich auf einmal stur.
Er wollte sich gar nicht mehr drehen,
blieb bei der Sieben einfach stehen!

Der große Zeiger machte weiter,
dachte sich, er wär jetzt gscheiter.
Endlich konnte er bestimmen
wie viel Zeit durfte verrinnen.

Plötzlich der große Zeiger stand,
fragte den Kleinen kurzerhand
warum er denn sei stehngeblieben,
und gerade auf der Sieben?

Mir hat gar nichts mehr gefallen
und zeigen wollte ich es allen.
Jetzt werden sie es einmal sehen!
Du kannst dich ja alleine drehen.
Das hast du dir wohl so gedacht!
Ich bleib jetzt stehen auf der Acht.

Diesmal war es nun soweit:
Die Zeiger traten in den Streik!
Der Uhrmacher sollte es richten
und den Streik der Zeiger schlichten,
was ihm auch meisterlich gelang.
Doch heimlich er auf Rache sann.

Da hat er eine Uhr erfunden,
wo man Minuten und auch Stunden
ganz ohne Zeiger konnte sehen.
Das ist wirklich so geschehen!

Die Digitaluhr hat gesiegt?
Nicht ganz, denn der Zeigeruhr obliegt
Tisch und Wände noch zu schmücken.
Man hört dann so ein leises Ticken.
Ein Klang, der Leben in sich birgt,
der digitalen Sieg verwirkt.
Es ist der Zeigeruhren Herz.
Und das ist gewiss kein Scherz!

Frau Hotline

Frau „Hotline" kenn ich nicht,
nur ihre Stimme, kein Gesicht.
Sie ist sehr oft am Telefon.
Ihre Sprache wirkt sehr monoton,
irgendwie so leer und kühl,
als hätte sie gar kein Gefühl.

Überhaupt, ein Name wie „Hotline"!
Ich kenn Sieglinde und Pauline.
Vielleicht ist der ihr Pseudonym?
Dann wäre sie ganz anonym.
Man könnte sie gar nicht belangen
und sie bräucht` sich nicht zu bangen.

Denn ich kann sagen was ich will:
Ihre Klappe steht nicht still!
Die Frau regt mich ganz furchtbar auf!
Ich leg auch gleich den Hörer drauf,
wenn sie mal wieder etwas sagt,
sonst trifft mich noch einmal der Schlag.

Diese Frau ist nicht normal,
diese Frau ist eine Qual!

Baum - Traum

Möchte ich mal ein wenig träumen,
setz ich mich zu alten Bäumen
und schau in das Gewirr von Ästen.
Kommt dann ein lauer Wind von Westen,
geben die Blätter ein Konzert.
Ganz umsonst und doch viel wert.

Die Zweiglein tanzen ein Ballett.
Dicke Äste findens nett
und versuchens hinzukriegen,
sich auch im Takte zu verbiegen.
Es ist Musik der Bäume,
das Windspiel mancher Träume.
Für jeden, der´s gern sieht und hört:
Kostenlos und doch viel wert!

Der Fisch

Im Wasser schwamm ein Fisch,
er fühlte sich recht frisch.

Da sah er einen Schatten
und wollte gar nicht warten.
Schwamm auf den Schatten zu,
schnappte den Wurm im Nu.
Der Wurm hat nicht geschmeckt,
es war ein Hacken drin versteckt.

Im Wasser schwamm ein Fisch,
nun liegt er auf dem Tisch.

Die verrückte Stunde

Es bestahl mich jedes Jahr
ein Dieb auf mysteriöse Weise.
Er wollte gar kein Geld in bar!
Nein, heimlich, still und leise
in einer dunklen Märzennacht
schlich er sich in die Zimmer rein,
hat an die Uhren sich gemacht.

Klaute zu meiner großen Pein
einfach meine Lieblingsstunde!
Wo ich die doch so dringend brauch,
für meine „Schönheitsschlafes-Runde"!
Nun stand ich ganz schön auf dem Schlauch!

Doch wie immer im Oktober
brachte der Dieb die Stund` zurück.
Vorbei der Ärger und Zinnober.
Die Stund` war da! Was für ein Glück!

Das könnt` ein schönes Ende sein,
würde der Dieb sich schnell verdrücken.
Aber nein! - Jahraus, jahrein
spielt er dieses „Stunderücken"!

Weil auch die Polizei ganz machtlos,
hab an den Dieb ich mich gewöhnt.
Er leiht sich doch die Stunde bloß,
drum haben wir uns nun versöhnt!

Übergewicht

Eine dicke Stubenfliege
setzte sich auf eine Liege.
Sie brauchte dringend eine Pause
von dem schnellen Rumgesause.

Plötzlich gab es ein Geschepper!
Die Fliege schaute nicht lang deppert
und flog eiligst auf Distanz.
Es war die Liege nicht mehr ganz!

Kaputt! Ganz einfach so.
Die Fliege kratzte sich am Po.
War sie doch etwas zu schwer!
Doch die Antwort gab`s nicht mehr.

Da setzte sich die Stubenfliege
nie mehr auf eine solche Liege!

Jahresvorhersage

Was mir das neue Jahr wohl bringt,
hab ich im Horoskop gelesen.
Ob das so auch alles stimmt,
war ich beim Wahrsager gewesen.

Doch irgendwie klang´s immer vage,
konkretes war da nicht dabei!
Bloß, was das Jahr bringt und die Tage,
ist mir gar nicht einerlei.

Was glaubst du denn auch diesen Quatsch:
Schimpfen meine Freund mit mir.
Das Jahr geht um, ganz schnell, ratz-fatz,
schon steht das Nächste vor der Tür.

Wohl oder übel hab´n sie recht.
Es kommt doch wie es kommen mag.
Ob es Guts bringt, oder Schlechts,
so nehm ich einfach Jahr und Tag!

Findlinge

Ob Latten, Hammer, Eisenstangen,
mit so was hat es angefangen.
Bleche, Rohre, eine Leiter
und so weiter, und so weiter!

Ab und zu auch manchmal Steine,
große, mittlere und kleine.
Sogar ein Topf war schon dabei,
für die Küchen-„Innerei".

Ein Bettgestell, dazu Matratzen,
als könnt man auf der Straße ratzen!
Zu finden auf den Autobahnen.
Die Folgen kann man nur erahnen.

Im Radio wird's durchgesagt,
was und wo, ganz ungefragt.
Da liegt so manches seltsam Trumm
auf den Fahrbahnen herum.

Eigentlich könnt man sich's holen.
Es gilt bestimmt nicht als gestohlen.
Würde sich das jemand trauen,
er könnt damit ein Häuschen bauen!

Oder wird das schon gemacht?!
 - Ist das der, der so laut lacht?

Bildertausch

Ein kleines Bild hing an der Wand,
niemand hat es recht erkannt.
Es war so klein und unscheinbar
und keiner nahm es richtig war.

Doch an dem Schinken gegenüber
gingen die Leute nicht vorüber.
Es war ja auch ein schönes Bild.
Gemalt viel Wald, ein wenig Wild.
Ein stolzer Hirsch im Vordergrund,
das Bild war zudem noch schön bunt.

Die Leute blieben sehr oft stehen,
sich das Bild mal anzusehen.
Es wollte aber seine Ruh,
doch leider kam es kaum dazu.

Das kleine Bild bot auch sehr viel:
Ein Regenbogen war im Spiel,
zog bunt und schön sich drüber hin.
Rechts davon die Sonne schien.
Links ein Gewitter sich verzog,
ein kleiner Baum im Wind sich bog.

Doch eines Tags, oh großer Schreck!
Das große, schöne Bild war weg!
Es kam jetzt in ein andres Zimmer,
dort in der Wand, der Riss war schlimmer.
Man hing das Bild darüber hin,
ganz in des Besitzers Sinn.

Das große Bild war voller Stolz,
deckte den Riss zu in dem Holz.
Es hatte auch noch seine Ruh.
Fast schrie es laut „juhu, juhu"!

Und dem kleinen schönen Bild
klopfte das Herz vor Freud ganz wild.
Es wurde an die Stell gehängt,
die erst dem großen war beschränkt!
Endlich wurd` es auch betrachtet
und als wunderschön erachtet!

Dies war allseits wohl ein guter Tausch
und der Zufriedenheit gebührt Applaus.

Der frierende Pfiffer

Ein edler Pfiffer stand im Wald.
Es war ihm, ach, so bitter kalt.
Er fror an seinem einz´gen Bein,
das fand der Pfiffer gar nicht fein!

Plötzlich blies ein lauer Wind,
dem armen Pfiffer ganz geschwind
sehr viele Blätter um sein Bein.
Das fand der Pfiffer wieder fein.

Nun war ihm nicht mehr kalt,
Dank Wind und Blättern aus dem Wald.

Spatz und Katz

Auf dem Schornstein saß ein Spatz.
Er war geflüchtet vor der Katz.
Die Katze blieb zurück im Hof
und schaute ziemlich doof.
Der Spatz freute sich des Lebens,
die Müh der Katze war vergebens.

Und die Moral von der Geschicht:
Ja, die weiß ich leider nicht!
Denn Fressen und gefressen werden
ist nun mal tierisch Los auf Erden.

Die Wegwarte

Eine Blume am Wegesrand steht,
sie wartet bis die Zeit vergeht.
Ihre Blüten sind zart und fein,
es könnten fast Sterne vom Himmel sein.
Himmelblau, so die Farbe der Blüten auch ist,
wie die Augen der Frau, die man nie vergisst.

Vielleicht ja die Blume einst Mädchen war,
vor vielen, vielen hundert Jahr.
Wo sie gar traurig am Wegesrand stand
und sah, wie ihr Liebster in der Ferne verschwand.
Sie winkte und winkte ihm lange nach,
bis fast vor Kummer ihr Herz zerbrach.

Der liebe Gott, der alles gesehen,
ließ aus Mitleid ein Wunder geschehen.
Das Mädchen die blaue Blume nun ward,
wunderschön, robust und doch zart.
So darf sie für immer am Wegesrand stehen,
um ihren Liebsten irgendwann wieder zu sehen.

Die Wegwarte, eine Blume mit Sage,
sie blüht und erfreut bis zum heutigen Tage.

Hirschkäfer Archibald

Ein Käfer namens Archibald
wohnte in einem schönen Wald.
Auf seinem Kopf das Hirschgeweih,
war ihm gar nicht einerlei.
Er konnte sich damit gut wehren,
drum hielt er es auch in Ehren.

Eines Tages fühlte er,
das Leben war für ihn recht schwer.
Er war so fürchterlich allein,
nur mit Frau kanns schöner sein!

So begann er nun zu suchen,
zwischen Tannen, Büschen, Buchen.
Leider war´s ihm nicht vergönnt,
er hätt ein Weiblein gern verwöhnt.

In einer Nacht, der Wald war finster,
hörte Archibald Gewisper.
Die heilige Nacht war angebrochen.
Und wie es war so fest versprochen,
konnten die Tiere alle reden.
Sie begannen gleich zu beten.
Das Käferlein schloss sich dem an,
darauf kam ihm ein guter Plan.

Seine Freunde in dem Wald,
wussten dank der Sprache bald,
wie´s dem Hirschkäfer so ging.
Worauf die Sucherei anfing.

Endlich war es dann so weit.
In einem wunderschönen Kleid,
stand ein Fräulein nun vor ihm.
Der Archibald war „weg und hin"!

Es wurde nicht lang rumgeeiert,
und gleich die Hochzeit schön gefeiert.
Sämtliche Tiere in dem Wald,
die feierten mit Archibald.

Und dieser wusste zu genau,
er hätte jetzt noch keine Frau,
gäb es nicht die heilige Nacht,
die Archibald das Glück gebracht.

Feuer

Lodernde Flammen,
die Wälder umzingeln
und Mauern bezwingen.
Bricht alles zusammen.

Vernichtung überall.
Doch ein Wunder geschieht,
eine Blume erblüht
wo alles war kahl.

Es ist diese Masche,
Geheimnis Natur.
Sie findet die Spur
wie Phönix aus der Asche.

Bitte an die Sonne

Liebe Sonne scheine.
Weißt du was ich meine?
Deine Strahlen brauchen wir.
Öffnen gerne Tor und Tür
und unsre Fenster weit.
Es wird Zeit, es wird Zeit!

Liebe Sonne scheine.
Weißt du was ich meine?
Deine Wärme tut uns gut,
gibt uns Kraft und Lebensmut.
Wärme für die kalten Füße,
für Pflanzen, Tiere und Gemüse.

Liebe Sonne scheine.
Weißt du was ich meine?
Spende uns dein warmes Licht,
denn ohne geht es überhaupt garnicht!
Liebe Sonne scheine,
jetzt weißt du was ich meine.

Der Plan der Außerirdischen

Es landete das Ufo leis.
Fünf Gestalten stiegen aus,
um, so wie es ihr Geheiß,
nach einer kurzen Paus
die Erde zu erkunden.

Ob zu erobern sie sich lohne,
drehten sie so ihre Runden,
was da ist und wer da wohne.
Ein ganzes Jahr darauf
fanden am Raumschiff sie sich ein,
flogen in das All hinauf
und ließen Erde Erde sein.

Willkommen geheißen auf ihrem Planeten
erstatteten sie gleich Bericht.
Was sie alles so erlebten
und erzählten ihr Geschicht.
Langer Rede kurzer Sinn,
so sagten sie den Oberen.

Es bringt uns jetzt noch kein Gewinn,
die Erde zu erobern.
Klüger wär es noch zu warten,
denn die Bewohner dieser Erd
spielen mit ihren Lebenskarten
völlig sinnlos und verkehrt!
Sie werden sich bald selbst besiegen,
viele kennen dort nur Gier und Hass!
Da sparen wir uns das bekriegen,
denn auf *die* Bewohner ist Verlass!

Der Oberste begeistert war,
ob seiner Späher Klugheit.
Dann wählte er ´ne kleine Schar,
die gerne war´n dazu bereit
die Erd zu observieren.

Wenn sie heute, morgen, übermorgen
die Erde kontrollieren ,
machen sie sich keine Sorgen,
dass ihr kluger Plan misslingt.
Weil ihnen täglich wird bewiesen,
was „Menschenkarteln" bringt!

Die Weide

Eine große Weide
fiel einfach auf die Seite
um.
Bumm!

Da meinte der Schorsch,
die war wohl morsch.
Und ein Specht
gab ihm recht.

Drum fiel die alte Weide
ganz einfach auf die Seite.
Krach!
- Ach!

Schneemannsliebe

Herr Schneemann wollte heiraten,
die Frau von nebenan.
sie war so wohlgeraten
und himmelte ihn an.

Doch Frau Schneemann konnt´ nicht kommen,
in des Schneemanns Arm.
So blieb bloß unbenommen,
das Flirten mit viel Charme.

Trotzdem, sie weinten oft,
ob der Trennung sehr.
Da floss ganz unverhofft
ein kleiner Bach daher.

Endlich vereint in ihren Tränen,
flossen glücklich sie dahin.
Es ist wohl müßig zu erwähnen,
wo sie geblieben sind.

Hartgesotten

Ein rohes und ein hartes Ei,
die trafen eine Leiter.
Dem rohen war das einerlei,
es wollte lieber weiter.

Das harte Ei war fasziniert:
Die Leiter war sehr schön!
Drum flirtete es ungeniert
und blieb ganz einfach stehn.

Die Leiter fühlte sich geschmeichelt,
machte die Eier auch gleich an.
Sie wäre gern gestreichelt,
ob das wohl jemand kann?

Gleich kletterte das harte Ei
die ganze Leiter hoch.
Nun, diese forsche Kletterei
gefiel dem rohen Ei dann doch.

Es stieg die Leiter auch empor.
Nur, nach bloß vier, fünf Stufen
kam alles ihm sehr wacklig vor!
Doch leider half kein Rufen.

Das Gleichgewicht hatt` es verloren,
schon nach der kurzen Weile.
Da lag es auf dem Boden,
zerlegt in Einzelteile!

Das harte Ei, das sah das alles,
verstand schon lange diesen Sinn.
Im Falle eines Falles:
Gut, dass ich „hartgesotten" bin!

Bunte Luftballon

Viele bunte Luftballon
liegen auf dem Tisch herum.
Harren der Luft, die sie bald kriegen,
denn ohne können sie nicht fliegen,
Zu transportieren ihre Karten
können sie alle kaum erwarten.

Als es dann endlich ist soweit
zeigen sie gern ihr buntes Kleid.
Steigen empor, prall und rund.
Plötzlich ist der Himmel bunt!

Wunderbar wie sie den Himmel stürmen,
bis hinauf, wo die Wolken sich türmen.
Der Kapitän ist einzig nur der Wind.
Er steuert wild und ganz geschwind.
Viel zu schnell sie so entschwinden,
wo wird man sie wohl wiederfinden?

In der Fremde, irgendwo, irgendwann
kommen sie verstreut dann an.
Bringen ihre Kärtchen mit,
für die Menschen Freude und Glück!

Und so ein kleiner Luftballon
braucht nicht einmal ein Mikrophon.
Ein bisschen Luft, das reicht ihm schon,
dem kleinen bunten Luftballon!

Eisenbahn-Hymne

Die Eisenbahn, die Eisenbahn,
 die hält in jedem Städtchen an,
nimmt alle Leute gerne mit.
 Die Eisenbahn, die ist der Hit.

Die Eisenbahn, die Eisenbahn,
kommt manchmal etwas später an.
Es läuft die Zeit ihr gern davon
und sagt der Bahn nicht einen Ton.

Die Eisenbahn, die Eisenbahn,
die schreibt so gerne Stundenplan.
Jedes Jahr zwei neue,
damit man sich dran freue.

Die Eisenbahn, die Eisenbahn,
die passt sich auch dem Fortschritt an.
Stellt auf viel Automaten.
Die Funktion darf man dann raten.

Die Eisenbahn, die Eisenbahn,
so manches nicht mehr brauchen kann.
Drum legt sie ihre Bahnhöf still,
die kann dann kaufen wer grad will.

Die Eisenbahn, die Eisenbahn,
schaut sich mal ihr Bilanzen an.
Das Soll und Haben stimmt nicht mehr.
Die Eisenbahn, die hat es schwer.

Die Eisenbahn, die Eisenbahn,
fängt nun sofort das Sparen an.
Die Preise werden gleich erhöht,
auch wenn das niemand recht versteht.

Die Eisenbahn, die Eisenbahn,
Ihr Personal nicht zahlen kann.
Drum sagt sie manchem Lebewohl,
verstehe, wer's verstehen soll.

Die Eisenbahn, die Eisenbahn,
fängt jetzt auch noch zu jammern an.
Weil manche Fahrt sich nicht rentiert,
wird kategorisch rationiert.

Die Eisenbahn, die Eisenbahn,
hält nicht in jedem Kaff mehr an.
Die Bahn zieht Konsequenzen.
Dafür darf man die Arbeit schwänzen.

Lieb Eisenbahn, lieb Eisenbahn,
überlege noch mal deinen Plan,
dass du dich nicht total verfährst.
Ach wenn du bloß noch ein Bähnlein wärst!

Der Rhabarber

Einst war der Rhabarber ziemlich klein,
doch das wollte er nicht sein.
Nachbarpflanzen, die sehr groß und dicht,
nahmen ihm das ganze Licht.

Nun war Anstrengung gefragt.
So hat der Rhabarber sich geplagt,
mühte sich in vielen Jahren,
bis die Stängel länger waren.
Er streckte sich der Sonn entgegen,
freute sich ihr zu begegnen.

Doch die Freude währt´ nicht lang,
und dem Rhabarber ward es bang.
Die Stiel bekamen Sonnenbrand.
Er hatte das alsbald erkannt.
Viel zu klein waren die Blätter,
schützten ihn nicht vor dem Wetter.

Wieder musst er sich bemühen
und seine Blätter größer ziehen.
Als sie waren groß und schön,
ließ er stolz sich gerne sehen.
Doch wo die Sonne ihn geküsst,
ihm das Rot geblieben ist!

Der Rhabarber hat sich arrangiert,
noch heute er gern kokettiert,
mit seiner roten Farbenpracht.
Erst recht noch wenn die Sonne lacht.
Mit seinen Stängeln, diesen roten,
kennt man ihn als Sommerboten.

Ehe auf Distanz

Die Sonne ist ganz sicher eine Frau
und das weiß ich ganz genau.
Mit solcher Energie im Leib
kann das nur sein ein Superweib!

Mit ihrem hitz`gen Temperament
sie oft kein Pardon mehr kennt,
das kann ich ehrlich sagen.
Drum hab ich ein paar Fragen:

Hat sie auch einen Ehemann,
der sie trotzdem lieben kann?
Sie flirtet nämlich noch mit Wolken,
ohne Angst vor bösen Folgen!

Allgemein hört man ja munkeln,
der Ehemann würd` nächtens funkeln.
Er schiebt Nachtschicht, dieser Arme.
Vielleicht mag er nicht das Warme?

Na, zum Flirten hat er ja die Sterne,
sieht`s auch die Sonne nicht so gerne.
Erst neulich hab ich ihn gesehn,
rund und schön am Himmel stehn.

Das ist wohl „Ehe auf Distanz".
Doch „Gott sei Dank" ist sie noch ganz!

Schnarchkonzert

Es gibt Geräusche auf der Welt,
die niemand sich so vorgestellt.
Angenehme, leise, schöne,
dumpfe, schrille, laute Töne.
Bloß gut, dass man nicht alle kennt,
vor allem, wenn man dabei pennt!

Des Nachts die Säge angeschmissen
und dazu fröhlich noch gepfiffen!
Hat mal die Säg Motorprobleme,
ist dies das einzig angenehme.
Weil sonst der Partner nebenan
manchmal nur noch flüchten kann!
Ins Wohnzimmer aufs Kanapee,
da schläft er dann wie eine Fee.

Problembesprechung in der Früh:
Man schnarchte eigentlich noch nie!
Und wenn, dann doch nicht gar so schlimm.
Das ist schon ziemlich übertrieb`n!
Wie immer übt man da Geduld,
schließlich hat ja niemand Schuld.

Der „Abschaltknopf" ging leider flöten,
wo er doch dringend wär vonnöten!

Drum:
Schön geschnarcht und lieb gestritten,
kann`s der Morgen wieder kitten.

Handtaschengeheimnis

Von den Handtaschen der Damen
kann man den Inhalt nur erahnen.
Da ich selber eine Frau
weiß ich das nur zu genau.
Das alles hat schon seinen Sinn,
weil nur wichtige Sachen drin.

Da wären Lippenstift und das Mak up,
Kamm und Taschentücher nicht zu knapp.
Auch ein Spiegel muss noch sein,
Augenkosmetik für den Schein.
Nur um das Wichtigste zu nennen.

Papiere wär´n noch zu erwähnen,
Geldbeutel und Schlüsselbund
machen manche Tasche rund.

Und wenn sie erst mal Oma sind,
sagt ihnen jedes Enkelkind:
Vor dem „Verhungern" hilft ganz rasch
etwas Süsses aus der Tasch`!

Das wär im Groben dann schon alles,
was in dem Falle eines Falles
in die Handtasche muss rein.
Alles andere bleibt geheim.

So eine Tasche ist was tolles,
sie hat so was geheimnisvolles!
Und die Moral von der Geschicht:
Ohne Tasche geht es nicht!

Ein Bigamist

Er ist ein Schelm, ein Bigamist,
der einfach nicht zu fassen ist.
Mal geht er zu der einen Frau,
dann weiß er es nicht mehr genau,
fängt fröhlich an zu wandern
und vergnügt sich mit der Andern.

Wir kennen die zwei Frauennamen,
doch können wir es niemals ahnen,
bei welcher er gerade wohnt.
Bei der „Unbill", die entlohnt
mit stürmischer Umarmung,
oder frech, ganz ohne Tarnung
mit der schönen „Kapriole"
wagt wieder eine kesse Sohle.

Ob die beiden Frauen wissen
von des Mannes „Doppelküssen"?
Auch dieses bleibt uns wohl verborgen,
es plagen uns auch andre Sorgen.

Obwohl wir ihn schon lang durchschaut,
er sich trotzdem alles traut!
Weil er zu genau ja weiß,
es ist ein viel zu hoher Preis,
den wir hätten zu bezahlen.
Doch beim bunten Übermalen
hilft uns auch der Bigamist,
indem er sehr oft freundlich ist!

Drum haben wir ihn umbenannt,
damit er nicht so schnell erkannt.
Weil „das" neutraler klingt als „der",
gibt`s tausend Jahr schon „DAS WETTER"!

Schneeflöckchen

Schneeflöckchen, Weißröckchen wann kommst du
geschneit?
Zeig uns doch wieder dein schneeweißes Kleid.
Du zuckerst die Bäume, zuckerst die Felder,
verschneist wunderschön uns´re Wälder.

Wenn nämlich mal kein Schnee rumliegt,
der Weihnachtsmann die Panik kriegt.
Dann muss er mit dem Auto fahren
und kann gar keinen Sprit mehr sparen.
Der Rentierschlitten ist ihm lieber,
auch die Natur freut sich da drüber.

Erst noch die Kinder, musst du wissen,
würden den Schlitten sehr vermissen!

Schneeflöckchen, Weißröckchen wann kommst du
geschneit?
Wir sind auf der Erde schon lange bereit.

Der Stern

Ganz heimlich, still und leise
ein kleiner Stern vom Himmel fiel,
um zu erforschen auf die Weise
der Meere und der Wellen Spiel.

So plumpste er in`s Wasser rein,
bis auf den Grund hinunter.
Ein Schwarm Fische hinterdrein,
sie glaubten an ein Wunder.

Ein Engel hat es auch gesehen
und stellt zur Red` den kleinen Stern:
Lieber Engel, musst verstehen,
ich hab das Wasser doch so gern!

Der Engel ließ den Stern gewähren,
und auf dem Grund des Meeres liegen.
Jetzt konnt der Stern das Rauschen hören
und lernte Meer und Wellen lieben.

Als Menschen diesen Stern nun fanden,
bekam er einen neuen Namen:
Den „schönen Seestern" sie ihn nannten.
- Drauf noch viele Sterne kamen!

Ein Würfelleben

Augen hab ich schon sehr viel.
Einundzwanzig sind im Spiel.
Leider kann ich damit nicht schauen,
muss den Menschen ganz vertrauen.
Sie nehmen mich gern in die Hand,
werfen ohne Sinne und Verstand,
mich einfach auf dem Tisch umher!
Da leidet meine Würde sehr!
Ich als Würfel soll beweisen,
wie viel Augen sie so schmeißen.

Kumpels von mir waren schon auf der Flucht.
Gleich haben die Menschen nach ihnen gesucht
und gefunden dann mit Siegesgeschrei.
Einmal war ich auch dabei.
Doch bekommen wir keine Straf,
weil wir danach gleich wieder brav.
Dass wir manchen furchtbar wichtig,
gilt dann einfach so als süchtig.
Schlafen darf ich im Karton,
manchmal tut´s ein Becher schon.

Wenn die blöde Werferei nicht wär,
wär mein Leben halb so schwer!
So werden meine Augen unansehnlich
und ich bin nicht mehr brauchbar, nämlich.
Die Menschen werfen mich dann fort,
an einen nicht so schönen Ort!

Ach, oft möchte ich gar kein Würfel sein,
ich armes, armes Würfelein.

Das Amt

Wegen der Genehmigung
musst` ich neulich auf das Amt.
Damit durch die Bestätigung
erstere wird anerkannt.

So ging ich in das „hohe" Haus.
Wegweiser gab es überall.
Weil ich mich kannte gar nicht aus,
las ich sie auf jeden Fall.

Ich musste wohl ins Stockwerk sechs,
mit der Zimmernummer vier.
Nur war es grade wie verhext,
der Aufzug wurde repariert!

Dass sehr gesund das Treppensteigen,
hab ich natürlich auch gewusst.
Doch bei diesem sportlich Treiben
bekam ich schon ganz leichten Frust!

Zimmer vier war schnell gefunden,
ich wurde dann auch gleich bedient.
Bloß nach knapp zwei Viertelstunden
hab ich leise aufgestöhnt:

Wir sind dafür nicht zuständig,
es tut uns wirklich furchtbar leid!
Sie müssen runter zu Frau Wendig,
Zimmer sieben, Stockwerk zwei.

So ging ich wieder Treppen runter,`
wie mir wurde angeraten.
Dieser „Sport" machte mich munter,
das konnte ich schon sagen!

Bei Frau Wendig im Büro
kam es nun, wies kommen musste:
Sie erklärte einfach so,
dass ich wieder kommen müsste!

Es fehlten Stempel an der Stelle
von der Behörde nebenan,
sehr wichtige auf alle Fälle.
Später käm ich auch gleich dran.

Nun stand ich da mit dem Papier
und schaute erst mal dumm!
Frau Wendig konnte nichts dafür,
drum nahm ich es nicht krumm.

Das ganze Spiel noch mal begann,
nur der Aufzug funktionierte!
Außerdem kam ich gleich dran,
weil dem Beamten es pressierte.

Ich machte mich gleich auf die Socken
die Frau Wendig aufzusuchen,
um nun nichts mehr zu verbocken
und Erfolge zu verbuchen.

Als ich in das Büro marschierte,
war Frau Wendig nicht mehr da.
Der Kollege erst studierte,
dann legte er mir freundlich nah,

doch lieber noch mal herzukommen,
er kenne sich da gar nicht aus!
Wohl hab ich dieses nun vernommen,
jedoch – nennt man so etwas nicht Graus?!

Die Odysee von vorn?! – Noch mal?!
Nein, nicht mit mir. Mit mir nicht!
Jedoch, bevor ich Strafe zahl,
hab ich es meiner Frau bericht`

Die ist mit Charme und Unterlagen
lächelnd in das Amt geeilt,
um den Beamten anzusagen,
dass die Genehmigung sehr eilt!

Jetzt hat es plötzlich auch geklappt.
Ich begreif das *nie*!
Die Akte wurde zugeklappt. –
Ein Hoch der „Bürokratie"!

Grillmeister

Grillen, ein himmlisches Vergnügen!
Der Meister braucht sich nicht begnügen,
zuzuschau`n und abzuwarten,
nein, e r darf das Fleisch anbraten.
Er, - ein Meister seines Fachs!

Es gibt kein Weh und auch kein Ach,
Da wird seinen Mann gestanden,
schließlich ist gutes Fleisch vorhanden.
Selbst gewürzt und mariniert
gibt es nichts mehr was geniert.

Wenn das Feuer schließlich glimmt,
der Meister gleich sein Szepter schwingt,
in Form von Gabel und der Zange.
Und dann dauerts nicht mehr lange,
bis ein würzig guter Duft
die Gäste all zum Essen ruft.

Jetzt kann der Meister endlich sitzen,
braucht auch nicht mehr so zu schwitzen.
Heimst viele Lobeshymnen ein,
und er kann versichert sein:
Beim nächsten Grillen ganz bestimmt,
man nur ihn als Meister nimmt!

So ist das eben bei dem Grillen,
jeder weiß das auch im Stillen:
Grillen, das ist was für Männer,
die sind da eben einfach „Könner"!

Eine sichere Sache

Hast du die Woche auch gelottert?
Ich hab` es heute schon getan.
Fast hätten meine Knie geschlottert,
als ich die Zahlen kreuzte an!
Es geht ja schließlich um Millionen,
die in diesem Topfe drin.
Und ich hab` viele Illusionen,
wär` für mich der Hauptgewinn.

Zuerst käm` meine Rasselbande,
die Große und die Kleine.
Damit auf ihrer Hohen Kante
was Gescheites mal „er-Scheine!"
Ich würd` mir eine Insel kaufen,
mit meinem Mann das Weite suchen.
Auf unser`m Segelschiff verschnaufen
und dazu noch Luxus buchen.

Ein kleines Paradies in Händen
mit „Nebenwirkung ausgeschlossen".
Auch den guten Hilfsverbänden
würde was dazugeschossen.
Ach, was mir alles einfallen würde,
wenn das Wörtlein wenn nicht wär`!
Doch da gibt es diese Hürde:
Noch bin ich nicht Millionär!

Der schicksalsschwere Abend kam,
die Spannung stieg zum Höhepunkt.
Als ich meinen Zettel nahm,
gab`s zum Feiern fast schon Grund!
Die erste Zahl, die stimmte glatt!
Die Zweite knapp daneben.
Bei der Dritten war ich platt!
Richtig, wie die Vierte eben!
Bloß bei den Kästchen fünf und sechs
hat es nicht sollen sein!
Manchmal ist es wie verhext,
jetzt bleib ich doch ein armes Schwein!

Doch nächstes Mal, da klappts bestimmt!
Einen Dreier hab ich ja.
Wenn ich das Geld als Einsatz nimm,
sind die Millionen wieder nah.
Ich hab` das sichere Gefühl,
nächste Woche bin ich reich!
Den Lottozettel für das Spiel
kauf ich am besten gleich!

Der Stress

Der Stress, der schleicht sich ganz allein
von selber in dein Leben ein.
Auf einmal ist er da
und bleibt bei dir ganz nah.
Ob du es möchtest, oder nicht,
egal – er ist ein böser Wicht.

Ist noch schlimmer als die Kletten,
hat zudem noch sehr viel Facetten.
Stellt sich als gut und richtig vor,
du bist dann hinterher der Tor!
Jetzt hat er schon Besitz ergriffen
und deine Nerven blank geschliffen.

Was machst du da in deiner Not?
Du schlägst den Stress ganz einfach „tot"!
Treibst ihn aus deinem Leben fort,
suchst schnell dir einen ruhigen Ort.
Ruhst dich auf deinem Sofa aus.
Für den Stress ein wahrer Graus!
Er flüchtet davon, meilenweit,
und du hast endlich Ruh und Zeit.

Bloß, dies Rezept hat er versteckt,
dass man es nicht so leicht entdeckt.
Drum hab ich es hier aufgeschrieben,
damit der Stress ist schnell vertrieben.

Das arme Gespenst

Als Gespenst hab ich es schwer!
Wo nehm ich meine Freunde her?
Viele Geister gibt es nicht,
 manche scheuen auch das Licht.

Trotzdem kann ich was erleben:
Ganz elegant durch Mauern schweben,
richtig rasseln mit den Ketten,
dass die Leute sich erschrecken.
Die schreien laut und fürchten sich.
Ja, das ist Musik für mich!

Ich spuke schon fast tausend Jahr
und find es einfach wunderbar.
Jede Nacht zur gleichen Stunde
dreh ich in der Burg die Runde.

Neulich ist mir was passiert:
Da ist ein Mensch mir ungeniert
ganz einfach hinterher gelaufen
und wollte meine Kette kaufen!
Das brauch ich mir nicht bieten lassen,
der hat ja wohl nicht alle Tassen!
Ich führt` ihn an der Nase rum,
noch heute ist er etwas dumm.

Leider wird das immer schlimmer!
Die Menschen fürchten sich jetzt nimmer.
Meinen wohl sie sind gescheiter.
Doch ich spuke extra weiter!

Hab ich mal einen Freund gefunden,
dreh´n wir im Duo unsere Runden.
Dann werden wir das Fürchten lehren,
wenn sie sich auch noch so wehren!

So ein Luder!

Das schöne Luder Isabell
scheute weder Zeit noch Stell`
zu klauen wie ein Rabe.
Jede Habe!

Drum sperrte man die Isabell
ja auch in eine Einzelzell`,
nachdem man die gekriegt
und gesiegt.

Weil nun die schwarze Isabell
vermisste ihren Spießgesell,
becircte sie die Wärter.
Das ging härter!

Ganz heimlich wurd` die Isabell
rausgelassen aus der Zell.
Einer konnt nicht widerstehn
und ließ sie gehn

Leis klaute noch die Isabell
viele Sachen vom Gestell
und leerte alle Taschen aus.
Oh Graus, oh Graus!

Die Wut war groß auf Isabell!
Hatte sie doch generell
die Polizei eiskalt belogen
und betrogen.

Die Jagd begann auf Isabell
intensiv und ganz speziell.
Doch man sucht sie auch noch heute
und die Beute.

Ob noch spielt die Isabell
mit den Häschern Karussell
oder lebt in fremdem Land,
ist unbekannt.

Wenn erst erwischt die Isabell,
kommt sie sicher prinzipiell
für lange (!?) hinter Gitter!
Das wird bitter!

Geschwister

Das Glück sucht die Zufriedenheit
und hat es sie gefunden,
dann ist es wieder einmal Zeit
für viele schöne Stunden.

Wie Geschwister sind die beiden,
sie brauchen sich schon sehr.
Auch wenn sie manchmal streiten,
versöhnen fällt nicht schwer.

Ist einmal ganz allein das Glück
ruft´s die Zufriedenheit gewiss.
Kommt diese dann nicht bald zurück,
sagt das Glück auch ganz schnell tschüss!

Schenken

Das Geschenk als sichtbar Zeichen,
dass die Liebe nie soll weichen.
Spontan, ganz einfach so,
macht diese Menschen herrlich froh!

Gerne schenken nur, bringt Freude,
gestern, morgen, heute.
Es ist nicht Gut, es ist nicht Geld,
es ist allein das „WIE", das zählt!

Das Blut

Es ist flüssig und auch rot,
wichtiger wie täglich Brot.
Hast du davon einmal zu wenig,
wird der Doktor ganz schnell rührig.
Zeigt sich dann auch recht spendabel,
sticht in den Arm dich mit der Nadel.

Das Blut fließt nun vom Beutel dann
hinein in deines Blutes Bahn.
Fühlst du dich besser so im Ganzen,
kannst du auch später wieder tanzen.

Blut ist ein besond`rer Saft,
es ist die pure Lebenskraft.
Fremde Menschen spenden Blut.
Ich find das einfach richtig gut.

Was wäre denn, wenn nicht?
Ein Dankeschön sei dies Gedicht!

Gewitter

Schwarzer Himmel,
Wolkengetümmel.
Die Blitze zucken.
Menschen sich ducken.
Pfeifender Wind.
Angst hat das Kind.

Es prasselt der Regen
ans Fenster dagegen.
Hagel folgt nach.
Es donnert und kracht.

Die Natur ist nah.
Ihre Kräfte sind da.
Weltuntergang?
Alles auf Anfang.

Plötzlich wird's hell
an der dunklen Stell.
Vorüber! Wieder mal.
Man hat keine Wahl.